gabriel pedrosa **ÍCARO**

copyright © 2007 gabriel pedrosa

direitos reservados e protegidos pela lei 9.610 de 19.2.1998.
é proibida a reprodução total ou parcial sem autorização,
por escrito, da editora e do autor.

dados internacionais de catalogação na publicação (cip)
(câmara brasileira do livro, sp, brasil)

pedrosa, gabriel
ícaro / gabriel pedrosa. – cotia, sp: ateliê editorial, 2007.

isbn 978-85-7480-334-0

1. poesia brasileira   i. título

07-0060   cdd-869.91

índices para catálogo sistemático:
1. poesia: literatura brasileira   869.91

projeto gráfico
oficina 2+

direitos reservados à
ateliê editorial
estrada da aldeia de carapicuíba, 897
06709 300 cotia sp
telefax 11 4612 9666
www.atelie.com.br
email atelieeditorial@terra.com.br

impresso no brasil
foi feito depósito legal

para martinho marcos de freitas

arrastar-se lento emprestado dos rios de esgoto necessário ajuste do tempo e o pó pra assentar **a**
cidade   escorre densa viscosa pra dentro a borracha risca o dia corrido no asfalto
nta lento o tempo do asfalto o asfalto respira não respiram mais os mortos os mortos sob o asfalto
não lhes é dado ver as flores amarelas que restam sobre as calçadas há árvores florindo duas
vezes por ciclo há árvores que já não dão há árvores nas margens das pistas que margeiam
rios e estragam a paisagem as árvores estragam a paisagem bonito as marginais pontuadas
de infinitos pontos vermelhos indo e brancos no lá do rio terceira marginal onde correm
brilhos rebatidos dos carros nas pontes espelho das torres de espelho que espelham torres
vizinhas também de espelho   **a cidade**   se espelha em si pra crescer sem fim **a cidade** se
consome sua autoimagem se debruça sobre o rio pára o tempo pra se ver lenta lenta desce
pela garganta anestésica se espalha o cheiro grudado nos pêlos lento
amortecimento a m o rt e ciment o
               lentamente endoidecemos
                      um homem

                      sentado na soleira pés descalços
                na calçada extremo cuidado
                  no penteado do cabelo imundo
                  unhas pintadas silentes cores
                  berrantes na roupa surrada
                     mãos espalmadas sob o queixo sorriso frouxo e uns olhos muito
fixos mas perdidos mais com um brilho meio opaco de cansaço como numa loucura mansa
  olha pra parede em frente a uns dois três metros de distância como havia de olhar pro
mar quem acaba de perder um grande amor irremediável solitude a folha cai augusto nos
traduz coisas de fora e de dentro atrocidades caducidades às vezes garoa ninguém nota
capacidades causticidades duplicidades (h)á tanto barulho me ensurdecendo (h)á tanta
vista me cegando (h)á tanta gente me calando caminho quase que imune à realidade os
  ossos me doem no inverno perdido em dizer algo que diga   **a cidade**
                                     a cidade   que não se
diz que não se pode fixar elasticidades felicidades linda você a vida doce e irresponsável
omo convém aos sábados o homem surgido do nada sinal fechado fechamos os vidros
 homem passa tranqüilo o sábado acaba ferocidades fugacidades   **a cidade** sem mitos

                               historicidades loquacidades
                               lubricidades a força da grana
                               que ergue e destrói coisas
                               mendicidades multiplicidades
                                   organicidades

                        bicho semprecrescente massa cinzenta
   amorfa peso morto onde emtanto dormem coisas em semente a terra não é sólida a água
 é fluida o ar não é transparente caos pré-coisas pós-tudo periodicidades plasticidades sereias
láveis no alto dos postes de luz fria por sobre todos os   gritos sirenes buzinas   cantam jingles
 deles vende tampões de ouvido publicidades rapacidades importamos   pombos pra nos fingir
senvolvidos mas os pombos vivem no céu e estão cagando pro   desenvolvimento
iprocidades rusticidades um bêbado meio solene meio ridículo pára no meio do passeio ajoelha

feito os santos dos vitrais atrás baixa a cabeça e toma a água empoçada num buraco da calçada
sagacidades simplicidades tenacidades um convite impresso em inglês onde se contam
maravilhas de minha **cidade**

                                       sometimes called the chicago of south ameri
                         velocidades veracidades o avesso do avesso do avesso do avess
                              vivacidades unicidades tudo cabe numa palav
                                            um nome o nome d
                                                     cidad
                                                           abriga tu

o que este buraco engole voracidades a cobra morde o rabo e se envenena de si cheia de si
se deixa a seguir seu círculo o movimento contínuo da vida escoando na avenida a avenida ret

os planos as perspectivas linhas de fuga mas os postes dispostos em curva mostram
impossível apreender esta dura realidade sua luz amarelada ajusta o tom meio roxo do fim
de tarde pra um azul mais conformado ao cinza das figuras à noite todos os fatos são fardos
lenta escorre a espuma do chope lenta a noite dos plantões lenta a vadiagem cinco bares
dez conhaques lentas imagens desfilam no sonho num banco de táxi o ritmo já subterrado

feito os rios feito os trens do metrô a espantosa lentidão do tempo surdo semicego do
dentro de um vagão o tempo que toma dizer o sem fim de coisas que há numa **cidade** e as
infinitas relações que se fazem as coisas e as camadas que se sobrepõem e os vãos e não
bastassem coisas os diferentes reflexos que dão nas muitas retinas as muitas luzes das ruas
das salas dos carros tudo cerca-se de luz como pra provar-se vivo neste fim de noite fim de

festa e o entendimento arrastado da ressaca o dia renasce aos poucos crescendo o espaço
para além dos postes **a cidade** cresce **a cidade** sem projeto não se pode projetar senão uma
                 cidade fantasma **a cidade** cresce
                     por cima das nascentes cresce
                       por cima da gente gente
que não pára de crescer numa obstinaçãofuriosa e lenta de terra engolindo o passado

                            cidade
                            e gente se matando e fazendo ainda que não
grandes o bastante metástase o plano não cobre o cobertor é curto milhões crescendo
desordenadamente superestimulados subdesenvolvidos e a lenta e irreversível separação que
dá depois de explodir desordem e dispersão crescentes conflitos e contradições sedimentando
assim mudam as curvas dos rios milhões de recortes de paisagem mais o que se perde e tudo
somado resultava enorme e sem sentido mas **a cidade** é mais e indizível prescinde de definiç
deixa-se lentamente
a mascar seus habitantes estrelas apenas intuídas eternamente em suspensão ainda que há
muito findas crianças comendo ratos como o mundo todo sujeitobjeto figurafundo

                               é preciso fazer um poema sobre são pau
                               mas eu nunca saí de lá

qualquer coisa de irreal

na impertinente obstinação deste olho vidrado de boi em rolar pelo pátio deserto do matadouro

no dentro do moderno edifício
o plano ideal de mármore polido
e as pessoas perfeitas, feito fotografias

a calçada
rasgada pelo clima não domesticado
(o pulso frenético das pedras sob o sol)
áspera, arranhando o tempo que passa

    e as poças e os cuspes e as bitucas e os papéis de bala

até deter-se

numa poça de sangue   pastoso   envenenado

pelo medo das pauladas anterior ao hábito da hierarquia e suas justificações da violência

rasando ao chão, bateu num

vomito o mito do vôo
minha vida agora há de ser chã
caminho por entre os estilhaços do verão   abandonado
cuidando apenas em não queimar de sol a sola dos dias

o verão explodido contra o chão
 num bafo sufocante que subia misturado
ao suor do mato da beira da estrada

só os pássaros mantinham-se indiferentes
 num esbanjamento de seus privilégios
                            mágicos

(os pássaros, é mais bonito de vê-los no frio
 quando se os surpreende sob a chuva rala)

CARRO

enquanto os outros voavam.
sem mistério nem solenidade
aquele bicho encantado de tantos poemas
                                  passados
 jazia, as patas pra cima e as asas fechadas

ou serão eternos os passarinhos?

ACIDENTE
(fato ignorado pelo motorista)

no bolso do atropelado
uma medalhinha antiga
 e a oração da santa cruz

o gesto ordinário, aparentemente inofensivo,
de eu entrar na sala destrói, com indizível truculência,
o cubo de ar que a tarde se
consumira construindo.

um pássaro de vento

(de volume igual
ao de meu corpo
cansado) escapa pela porta,
derrubando folhas e revirando poeiras juntadas.

em casas assim, sem muita cerimônia,
um vidro de janela dos fundos pode
ficar por muitos anos **estilhaçado**.
uma bolada, uma cadeira mal arrastada,
mesmo um passarinho desavisado.
ninguém se lembra bem de como.

ACOMODADOS
UNS CONTRA OS
OUTROS, EM
TENSÃO
ADORMECIDA,
TODOS AQUELES
PEQUENOS PEDAÇOS,
CUIDANDO APENAS EM NÃO CAIR
E DESFAZER

O
PLANO
ORIGINAL

a tarde boiava no ar grosso do quintal esquecido.
alguém varria a varanda na vã esperança
de não envelhecer. não sabia inútil seu trabalho,
que mesmo se varrendo, ou lavando, ou
ventando, ou chovendo, a poeira sempre
volta a juntar. sobre cada coisa, **o peso dos séculos**
como que tentando rebentar lhes os contornos
(rebentados, havia de ser de ensurdecer
seus silêncios guardados **)**

as palavras saíam em bolhas,
explodidas tão no alto que ninguém
as ouvia. como há muito também não se ouvia
o piano, de cujas
falhas na madeira velha brotavam
formigas, a vida sobrada na casa.

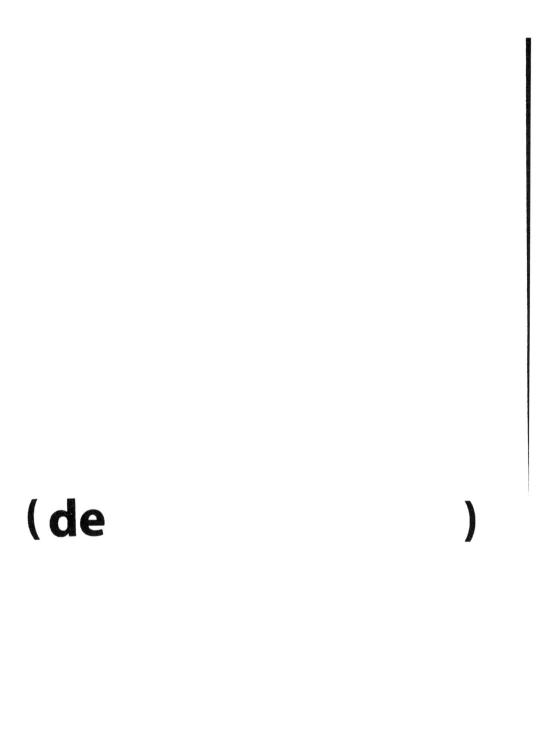

generation gap:

é preciso
estar
a tempo
e sorte

**novíssima
    teoria da evolução**
a cada geração
mais cresce o homem
cada vez mais grande
cada vez mais perto dos galhos
(outrora uma vaga lembrança)
cem anos volta a
habitárvores

|

**poema
plano**
quando eu nasci
os anjos todos
mesmo os tortos, safados, loucos
estavam dando plantão na decoração dos shoppings

conselho

anda por aí
e quebra os muros todos que vires.

mas guarda, de cada um,

um tijolo,
pra construíres a prótese,
pra quando te arrancarem as pernas.

dédalo

no fim de tarde
olha o sol
e sorri de descer no mar

triste

AO SOL

feérico do trópico
a vida livre buscada,
mar bravo
paisagens abertas

(a garoa inventada,
os rios enterrados,
o mar que não há,
saliva juntada nas palavras não ditas,
o choro adiado)

a vida que lhe escorria
bebida em suas bocas seus dentes suas coxas
derramada em seu suor
concentrada no brilho dos seus olhos

os temporais que armaram sem cair

dentro de mim, mofando. sob o inútil sol da manhã

entanto, na varanda, sob a
IMENSA LUA
africana, rimbaud se punha a remoer
poemas   que nunca escreveu

NOTURNO   serena sobre mim
o espanto vazado dos furos
que as estrelas, lucy,
fizeram
em tua eternidade

o tempo

é

a chuva lava o chão e enxágua o cheiro do ar
o vento varre as folhas voadas
a parede esfria das marcas do sol
o tempo corrido na sombra dos beirais

noite. o dia se deixa da memória das coisas
pra se deixar na memória dos homens

uma invenção

os relógios nã**o ma**rcam senão o tempo das pilhas
os relógios **não marcam** senão **o tempo** das pilhas
os relógios nã o ma**r**cam senão o tempo das pilhas
os relógios **não** m**arcam** senão **o tempo** das pilhas
os **relógios** não marcam senão o tempo **das** p**ilhas**
os relógios **não** marcam senão o **têm**po das pilha**s**
os relógios não **marc**am senão **o** tempo das pilha**s**
os relógios não marcam s enã o tempo das pilhas
os relógios não **marcam se**não o tempo das pilhas
os relógios não **marcam** senão **o tempo** das pilhas
os relógios **não** marcam senão **o tempo d**as pilhas
os relógios nã**o ma**rcam se**não o tempo das** pil**has**
os relógios não **marcam** senão **o tempo d**as pilhas
os relóg**ios** não marcam senão o tempo das pilhas
os relógios não marcam senão o tempo das **pilhas**
os relógios não marcam senão o tempo das pilhas
os **r**elógios não marcam se**n**ão o tempo das pilhas
os relógios não marcam senão o tempo das pilhas

da memória

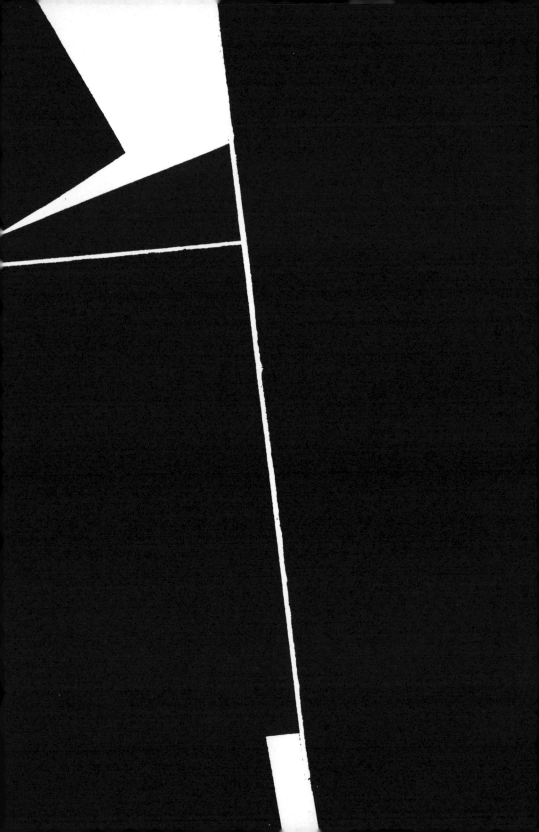

trago em mim

um monte
de PÁSSAROS
e MULHERES
e MENINOS

que matei pelo caminho
e não tive ocasião de enterrar

O PÁSSARO AGORA VOA E ESQUECE

última vagina
vertigem do nada

e o homem se esquece
e os homens se esquecem

e os dentes sob o sol sem memória cravados no chão sem memória apodrecendo
mais tempo levará pra esquecer as lascas de vidro do copo que quebrei criança e
 enterrei no quintal pra que ninguém desse pelo acontecido)

a terra
a terra se basta
o pássaro se basta
o homem não

um bico cravado no chão

o tempo
todo
concentrado
no momento em que lhe falta o ar

e feito a vertigem das úlceras se

inicia a descida do pássaro

envolto desenvolve-se veloz em nuvens
até que volteia ao topar o vento

E SE ESTILHAÇA

tem já uns dias que não faz noite.

agora estamos sentados,
eu
e este pássaro,
que nasceu sem asas.

quando comecei a andar, era só o hábito.
depois, as espirais dos urubus
as diagonais dos aviões
a ginga das pipas,
depois hábito de novo.

andava em linha reta
num cenário de coisas que

cresciam (sobretudo as pessoas)

cresciam

cresciam

cresciam (como bolhas de soprar sabão)

cresciam pra explodir

num fino chuvisco cinza   (agora,
que caía me fazendo cortinas.   como é mais conveniente,
                                        o cenário é só uma linha:
                                        o céu vazio de tudo
                                        o chão cheio de nada)

o tempo passava nas pancadas surdas no fundo do ouvido,
cada vez que o passo cego batia o chão.
(lembrasse de parar, talvez doesse)
os ossos já gastos as juntas moídas a carne esgarçada o sangue aguado

num dia   como os outros
parei me.
e só então notei o.
um pássaro que nasceu sem asas.

deu-me esta colher
deu-me estas bolinhas de vidro que trago por olhos
(os velhos, de olhar as coisas que voam, o sol queimou)
deu-me esta colher pra que eu cavasse
atrás de

uma palavra   (assim pensa, porque lho disse)
que contasse o que as outras não dão conta de contar.
que dita

                            c
(mesmo que de dia, sob o mais **ascé(p)tico** dos sóis)
                            ss

desandasse a desandar as coisas.
uma palavra que valesse um buraco desses.

cavei por um tempo
(tem já uns dias que não faz noite)
agora apenas rexisto.

o pássaro
não me diz nada
não me bica as vísceras
é só um pássaro nascido pelo meio, que cismou de cismar comigo,
parado, quieto,
inexistente, não suasse esse cheiro de chuva guardada.
tem já uns dias que não faz noite.

(há muito não há urubus, nem aviões, nem pipas no céu)
pelo menos, a colher brilha bonito no bater da luz.

um dia,
enterro o pássaro,
roubo-lhe as asas que não tem
e vôo longamente contra o sol
até cair.
na queda,
finalmente vivo,
me invento o corpo contra o vento.
a alma contra o chão.

e,
antes de minha empoeirada memória se perder no pó sem memória,
descubro a terra que se me entranha
o sangue corrente
e um eu virado

num grito

– a carne ainda quente a espinha gelada
rojão explodido no infinito em meio a estrelas inventadas

até queimar sua forma em meu olh

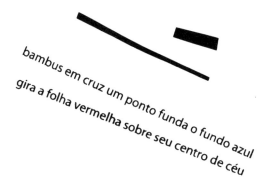

bambus em cruz um ponto funda o fundo azul
gira a folha vermelha sobre seu centro de céu

tiras de saco de lixo encompridando movimentos

começo imaginar a pipa que me invento construindo

contra o vento só atrás o sol

té me ensurdecer seu ciciar de sopro sobre a seda até sedado me esquecer

e me encontrar voando feito em pipa. que desbota um dia

chovendo colorido em minha cova

recortada estrela das notícias banais do dia antes subida na pedra agora voa ou
cai flutua como da constelação mallarmaica imagens de pipas pretendendo se
indóceis urubus asabertos vigiando eternos tempos eternos poema do tom todos
os poemas todos os poemas são um urubu pipa papagaio passarim passarão passaredo
flauta na brisa de um fim de tarde um fim de dia quente pontas de galhos
balançam quadris de ponta feito falar poema salseiro sururu joão sentou no chão
para aplaudir mané que dança sobre um lenço num lençol outro joão e tantos
quantos queiram ver de perto e não versem os velhos conselhos do velho que
não servem os velhos conselhos do velho pois o ponta desponta pespontando
joões na lateral e risse do fazedor de labirintos fazendo novelos novelas de um
sempre mesmo fim o fim do ponta centrar centra sobre o central no centro da
área cai a folha seca lembrando velhos poetas e um príncipe etíope flanando
sobre o campo os atalhos desnudados num lançamento oblíquo e dissimulado
caindo pluma solitária perdida sobre a cabeça o avião sentimento diagonal difere
o diamante pacote negro compacto bico cravado no vento velocidade feita letal o
ponta não se prende aos pontos como haroldo que aqui cito imito reflito pontos
móveis linha mágica no quadro branco do livro este livro da queda este bicho
decadente um príncipe anda no abismo mas é do homem cair sobretudo se um
sol ou um par de e as quedas todas eterna revolta ainda que nunca se alcance
castelo não haja as quedas de summus juice joy de libre voe mas voe baixo que
o mundo acaba caindo falató rio num mar asmo annacrônico um livro peça de
antiquário no aquário nereidas de borrachas olham indiferentes o corpo ex alado
disforme que se estraçalha fragmentos recosidos artefato arqueológico o livro
recaindo desce a est ela estrela jornada jogada ainda menino contra o quadro
azul no alto urubus espiral hipnótica em número de três como enfatizassem sua
natureza mágica imprevistos nos vãos dos planos concretos vinte e quatro calders
por segundo redemoem a paisagem cai a bola no quadrado verde quadro de
linhas do pó da pá que sete palmos depois nos jogam centro desta galáxia deste
instante este instantâneo da galáxia cai indo sempre prum mesmo esbanjando de
seu privilégio cai ou bóia voa o **homem homemgol e**

se houvesse céu
de certo que seria como andássemos descalços
numa canção de tom jobim

iemanjá
anoiteça
mãe me leve
iemanjá
amanheça me
leve

odoyá
do doce olhar
me volte ao seu seio
pra me acal
mar

**ventania
temporal
janaína
revolta
nas ondas
onde me
desfaço
desfaleço
em seu
regaço
novo
pro azul
renasço**

brisa
sopro sobre a pele
sobre o olho d'água
n'água a lua flutua
flauta

        uma
  entre todas
entre as coxas
entre abertas

traz
as noites todas todos os sóis
traz olhos
entre dóceis promessas de calma e
fundos
a certeza da vertigem
traz um nome
tanta vez ouvido mas que um dia dito
no silêncio de de noite
risca estrondoso o escuro feito hábito
feito ícaro
no abandono do mergulho

traz no mover se
a brisa que acontece as coisas
e quando passa leva junto a paisagem

ícaro caiu sorrindo

ris teu riso aberto
teus dentes cravados em minha carne de nuvens

e a luz
e a luz tem um jeito de brilhar teus olhos
(alucinados)
queimando me as retinas

teu decote
hipnótico
(como os urubus no céu de eu menino)

as mãos
ágeis
precisas
soltas
dançando se
me embaralham os versos
me esgarçam
as fibras do sonho

me abandono

janeiro

(no rádio um cole porter desvairado,
um bando de andorinhas no quintal,
perfume misturando com suor,
e o doce enjoado de bananas já meio passadas)

a gola da camisa roçando o pescoço queimado
                do sol desatinado de verão
o temporal
e a lama fresca subindo por entre os dedos dos pés

ao acaso

**os pulsos
em compasso
treme o traço que nos
       traduz
no espaço**

(figuras que as línguas nos desenhamos no escuro)
desabam os as peles passadas se desfazendo

dois corpos

transfundindo-se
    entre
    uma lâmina de ar
    a que chamamos
        amor

        eu e você
        trans piração
        flutuamar

        chega
        como abrissem janelas
        me vira do avesso
        me arejando as asas poeirentas

como nos florisse
em technicolor-matisse
a dança, e o improvável fundo azul

 o riso represado que às vezes
  estoura pétalamarelas de verão antecipado

ou teu nome escrito espiral numa folha
que me tragas)

centro deste instante
presente
redemoenda
in vertendo me
escorro

eu e você juntados
corpos no particípio
amalgamagmarítimos
fogos fátuos artifícios

perdidos a boiar num tempo
vago   no espaço
indefinido

do todo a parte

(no útero da noite
sem memória, uma estrela renasce
a eternidade

dandá com tu iansamble moi,
quem sai na chuva é para se m' oyá

acabei que me fiz à tempestade
(teus relâmparos de sexta-feira à noite)

bárbara
▬ raiaste em mim a vida
não dá mais pra ma apagar

debora
quinhentas oferendas ao sol

amor que agora sabe a bile apodrecida
                                   no céu da boca
ranço
cheiro azedo me virando as tripas
e que no entanto é vício
e que no em tanto vício viciei meus dias

                           meus dias viciados de rotina
                               não é de uma vez que se morre
           (vive de quando em vez respira com o auxílio do hábito e aparelhos)
                                    se morre um pouco por porre
se morre por palavras não ditas que vão apodrecendo dentro da gente

                             um poema deixado no fundo da gaveta
                  a vida vindo me em golfadas no fundo da noite escura
                que mesmo que nunca mais aberta ainda o poema está lá
                                     sem lua e sem começo
na folha ainda em branco o verso já feito já impossível esquecê-lo
                                 datada de não sei quando
                  de como brilhavam teus olhos quando eu bêbado
                                           aliás sei
        lindos lindos teus olhos teus olhos fundos e pretos quando eu
outro dia li no jornal que o universo começou há 13700000000 de anos
                  teus olhos teus olhos bêbados na noite funda e preta
            (logo agora que eu ia pra te dizer que te amo desde sempre)
                    teus olhos sorriam na noite bêbada teus olhos
                         que agora não vale a pena lembrar

                       não sei se eu ainda te esqueço de fato

não te sabem
não sabem ainda que ainda
que cinco minutos antes do nada
nada houvesse de certo decerto
que havia amores boiando no infinito inexistente

todo o existido fora apenas a preparação deste encontro
que o amor não cabe na carne no tempo
(a carne do tempo o tempo da carne
TEM GENTE QUE MORRE ATRAVESSANDO A RUA
não fosse sobretudo este verso girando mais
(A VIDA ASSIM BESTAMENTE FRACA)
que o mais das coisas de forma
o tempo esfriando no café
o tempo crescendo nas unhas
TEM GENTE QUE NEM NÃO NASCE E AINDA MATA A MÃE DE TRISTEZA
o tempo fazendo melado nas frutas do gullar)
COMO O QUE EU QUIS VIVERMOS
a me embebedar mais de sonho que de cachaça
TE SENTIR ME ENGOLINDO NOS
desandado do tempo das coisas o tempo nas coisas
NO MEIO DAS NOSSAS VIDAS
a vida por viver
NO MEIO DAS TUAS PERNAS
suspensa (meu sentires meu sonhares meu seres
DE ONDE NASCERAM AS COISAS TODAS
tudo o que há-se pra contar
HÁ UNS TREZE BILHÕES DE MILÉSIMOS DE SEGUNDO
é já passado)
TODAS AS COISAS FEITAS SE FAZENDO SENTIDO EM TI

não faças versos sobre acontecimentos
tivesse visto teus olhos aquela noite àquela lua àquele conhaque
e todos seus versos seriam sempre um mesmo débil verso
sob este acontecimento
sobre este acontecimento

vomitar um poema pra dor m'ir em pás
que fosse ardente como um soluço sem lágrimas
mote-contínuo

laura

CIDADE l(a e e cummings, na intradução de augusto de campos / **cidadecitycité** augusto de campos / **aperitivo** oswald de andrade / **sampa** caetano veloso / **anúncio de são paulo** oswald de andrade / **tudo** arnaldo antunes / **o dia da criação** vinicius de moraes / **cinco bares, dez conhaques** paulo leminski / **vaca profana** caetano veloso / **lanterna mágica** carlos drummond de andrade **ACIDENTE spik (sic) tupinik** glauco mattoso / **os jogadores de dama** ferreira gullar / **voláteis** paulo leminski **DEGENERATION GAP** divino maravilhoso caetano veloso / **poema de sete faces** carlos drummond de andrade / **até o fim** chico buarque / **let's play that** torquato neto e jards macalé **GALÁXIA galáxias** haroldo de campos / **urubu** tom jobim / **borzeguim** tom jobim / **folhas secas** nelson cavaquinho e guilherme de brito / **à sombra das chuteiras imortais** nelson rodrigues / **un coup de dés** stéphane mallarmé, na tradução de haroldo de campos / **tropicália** caetano veloso / **o futebol** chico buarque / **catatau** paulo leminski **IEMANJÁ oriki de iemanjá** transcriação de antonio risério **LAURA pequeno poema didático** mário quintana / **anos dourados** tom jobim e chico buarque / **o anjo** ferreira gullar / **procura da poesia** carlos drummond de andrade / **o último poema** manuel bandeira

título **ícaro**
autor **gabriel pedrosa**
projeto gráfico **oficina2+**
formato **15,7 x 22,0 cm**
tipologia **myriad pro**
papel **offset 120 g/m²**
papel de capa **duplex 210 g/m²**
número de páginas 72
fotolito **liner**
impressão e acabamento **lis gráfica**